T'es plus ma copine !

Responsable de la collection : Frédérique Guillard

Conforme à la loi n° 49956 du 16 juillet 1949 sur les publications destinées à la jeunesse.

Béatrice Rouer

T'es plus ma copine !

Illustrations de Rosy

NATHAN

Entre Jennifer et moi,

c'est souvent la guerre !

Elle est ma meilleure copine

mais on se dispute

tout le temps.

Quand j'ai quelque chose,

Jennifer le veut aussi,

et moi c'est pareil.

L'autre jour, elle est arrivée
en classe avec des lunettes.
Des vraies ! Très belles,
toutes rondes, avec un bord rouge

J'ai dit :
– Peuh, t'es pas belle avec ça.
Alors elle m'a tiré la langue et on n'a plus été copines.

Et dans ma tête, j'ai aussitôt
pensé : « Moi aussi j'en veux,
des lunettes. Des pareilles.
Non, les miennes,
elles seront encore plus belles ! »
Et ça n'a pas été très difficile !

Le soir, en rentrant à la maison,
j'ai dit à ma mère :
– Tu sais, c'est ennuyeux,
en classe je ne vois pas très bien
ce que la maîtresse écrit
au tableau.
– Ah bon ! a répondu ma mère,
c'est peut-être que ta vue
a baissé. Je vais prendre
rendez-vous chez l'ophtalmo.

Le mercredi suivant,
nous sommes allées
chez le docteur Carrédas.
Très aimable, il m'a fait asseoir
sur un tabouret. Puis il a éclairé
un grand tableau avec des lettres
sur le mur d'en face
et m'a demandé de lire
ce que je voyais.

Moi, forcément,
j'ai fait semblant de ne pas voir.
J'ai lu, exprès, tout de travers.
Quand je voyais un « T »,
je disais que c'était un « D »,
je disais « N » au lieu de « M »
et « U » à la place de « V »…

– Oh ! oh ! a dit le docteur,
c'est curieux comme cette enfant
voit mal. Vous êtes certaine,
madame, qu'elle sait lire ?
– Bien sûr ! Elle est en C.P.
Elle connaît très bien ses lettres.

Le docteur a quand même
rédigé une ordonnance et,
en sortant de chez lui, maman
m'a emmenée chez l'opticien.

C’est là, dans la vitrine,
que je les ai vues, les lunettes
de mes rêves. Elles étaient
belles, mais belles…
Bien plus belles que celles
de Jennifer. Elles étaient rose fluo
en forme de cœur ! Je les voulais,
ah ! comme je les voulais !
Heureusement, ma mère est
gentille.

Elle a dit oui
sans faire d'histoires.
Et le lendemain matin, victoire !
je les ai mises pour aller en classe.
Jennifer a fait une drôle de tête.
Mais comme on ne se parlait plus
depuis qu'on n'était plus copines,
elle n'a rien dit.

Toute la classe m'a regardée
avec admiration et Laurie a dit
que j'étais une veinarde.
Il n'y a que la maîtresse
qui a paru étonnée.
Moi, ce qui m'a étonnée,
c'est que je ne voyais pas
grand-chose avec !

Dès que les deux cœurs
se trouvaient à califourchon
sur mon nez, tout se brouillait :
je devenais comme un cosmonaute
sur la Lune ou un petit pois dans
du coton. Ça me faisait même
un peu mal aux yeux
et un peu mal à la tête.

Enfin, c'est bien connu,
il faut souffrir pour être belle !
Quand même, au bout
d'un moment, je les ai enlevées,
mes belles lunettes.

Je les ai nettoyées, essuyées,
puis je me suis amusée
à les prendre comme modèle
pour dessiner des cœurs
sur mon cahier.
Mais la maîtresse a dit :
– Laetitia, si tu dois porter
des lunettes, je veux les voir
sur ton nez, et pas ailleurs.

Alors, je les ai remises.

Mais je commençais
à avoir vraiment mal à la tête.
Et même un peu mal au cœur.
Heureusement,
la récréation est arrivée,
et tout le monde a voulu
les essayer.
Olivier Gabillé a rigolé
en disant que maintenant
j'étais un vrai cœur.

Pour dire vrai, à la fin
de la journée, j'étais plutôt
un cœur malade : mes lunettes
inutiles me faisaient mal partout,
aux yeux, et au cœur, et à la tête.

Voilà pourquoi le lendemain,
j'ai fait semblant de les oublier
à la maison. Mais ma mère a dit :
– Laetitia, tes lunettes !
Tu dois les porter, tu sais,
c'est important pour ta vue.

Et en plus à l'école, plus
personne n'a fait attention à moi :
Laurie avait apporté une corde à
sauter avec un manche en forme
de crayon. J'ai demandé
si je pouvais l'essayer.

C'était très rigolo,
parce que mes lunettes
sautaient aussi, en même temps
que moi. Hop, hop la corde !
hop, hop mes lunettes
sur mon nez !

Finalement elles sont tombées,
et crac, j'ai sauté dessus.
Sans le faire exprès, bien sûr…

Jennifer a dit :
– Oh ! tes belles lunettes !
Moi, j'ai dit aussi :
– Oh ! mes belles lunettes !
Et toutes les deux, on a éclaté de rire.
Du coup, on a fait la paix.
Bien sûr, ma mère, elle, a été moins contente.

Elle s'est fâchée :
– Si tu crois que c'est drôle de casser tes lunettes, tu pourrais faire attention à tes affaires !

Mais tant pis, je n'ai rien dit :
il faut souffrir pour voir clair.
Et bien sûr, elle a aussi ajouté :
– Nous allons devoir retourner
chez l'ophtalmo.
Il te faut une autre paire.

Seulement cette fois, sur le petit tabouret du docteur, j'ai fait très attention de bien lire les lettres.

– Mais elle voit parfaitement, votre fille, madame, a dit l'ophtalmo.

J'ai répondu très vite :

– Ce sont mes lunettes qui ont corrigé ma vue.

– Comme c'est curieux,
s'est étonnée ma mère,
je ne pensais pas que la vue
se corrigeait aussi vite.
– Moi non plus, a ajouté
l'ophtalmo, en me regardant
d'un air bizarre…

Mais le pire
dans toute cette histoire,
c'est que le lendemain,
Jennifer est arrivée en classe
avec un appareil dentaire rose
à paillettes bleues…
Qu'auriez-vous fait à ma place ?

Béatrice Rouer

Elle vit dans le Nord, où elle a fait des études de journalisme. Puis elle s'est mise à écrire des histoires pour les enfants et, comme on n'est jamais mieux servi que par soi-même, elle a mis au monde les trois plus assidus de ses lecteurs, Priscilla, Martin et Thomas.

Rosy

Tout petit, Rosy s'amuse à recopier les personnages de Walt Disney. Après un passage dans l'entreprise familiale de clouterie, il entre aux Éditions Dupuis. Il écrit des scénarios et crée des personnages de B.D. Actuellement, il dessine pour la presse et l'édition et signe de temps en temps une campagne de publicité.

Retrouve Laetitia, Jennifer et Olivier en Première Lune dans les histoires suivantes :
Souris d'avril - Mon père, c'est le plus fort !
T'es plus ma copine ! - Tête-à-poux - Nulle en calcul !
C'est mon amoureux - La tête à Toto
Le pestacle et les pétards - Le fils de la maîtresse
La maîtresse en maillot de bain - Je le dirai à ma mère !
Béatrice Rouer a également écrit dans la collection :
Sourichérie

Dans la même collection

Arnaud Alméras

Barbichu et
la machine à fessées

Barbichu et
le détecteur de bêtises

Barbichu et
le Confiscator

Calamity Mamie

Les vacances de
Calamity Mamie

Le Noël de Calamity
Mamie

Hubert Ben Kemoun

Tous les jours, c'est foot !

Même pas cap !

Ce n'est pas le vrai !

C'est quoi ta collec ?

Jean-Michel Billioud

Le vélo, c'est trop dur !

Nicolas-Jean Brehon

Un petit grain
de rien du tout

Claude Clément

Princesse Chipie
et Barbaclou

Bon anniversaire,
Barbaclou !

Princesse Chipie
et Barbaclou
en vacances

Jean-Loup Craipeau

Un Noël à poils doux

Elsa Devernois

Qu'est-ce que tu me
donnes en échange ?

Danielle Fossette

Je ne veux pas aller
au tableau !

Je me marierai
avec la maîtresse

Jacqueline Frasca

Dent de loup

Anne et Claude Gutman

Comment se débarrasser
de son petit frère ?

Fanny Joly

Juliette Mangemiette

Dédé télécommandé

Catherine Lamon-Mignot

Gentil squelette
cherche amourette

Y'a un fantôme
dans les cabinets !

Thierry Lenain

Menu fille
ou menu garçon ?

Mademoiselle Zazie
a-t-elle un zizi ?

Dans la même collection

Thierry Lenain

Série "Bravo Léo" :

1. Crocodébile
2. Tête de grenouille
3. Merci moustique !

Gérard Moncomble

Mimi la Montagne

Geneviève Noël

Un super anniversaire

Le perroquet bête comme ses pattes

Yves Pinguilly

Les vacances du poisson rouge

Yak Rivais

Lutinet cherche une glace

Ann Rocard

Le loup qui avait peur de tout

Le loup qui tremblait comme un fou

Le loup qui n'avait jamais vu la mer

Le loup qui sifflait trois fois

Le vampire qui avait mal aux dents

Béatrice Rouer

T'es plus ma copine !

Mon père, c'est le plus fort !

Le pestacle et les pétards

Nulle en calcul !

Tête à poux

La maîtresse en maillot de bain

Le fils de la maîtresse

Je le dirai à ma mère !

C'est mon amoureux !

La tête à Toto

Souris d'avril !

Sourichérie

Éric Sanvoisin

Bizarre le bizarre

Alain Surget

C'est moi le plus malin !

Emmanuel Trédez

Et si les poules avaient des dents ?

Claire Ubac

Hugo n'aime pas les filles

Comment j'ai trompé la petite souris

Zidrou

Le grand amour de Mathurin Pinpin

N° d'éditeur : 10066183 - (VI) - 24 - (CSBTS) - 170° - Dépôt légal : mars 1999 — Impression et reliure : Pollina s.a., 85400 Luçon - n° 77052
Conforme à la loi n° 49956 du 16 juillet 1949 sur les publications destinées à la jeunesse. ISBN 2.09.282417-1